FULL SCORE
WSM-08-009

吹奏楽譜 ブラスロック・シリーズ

BRASS ROCK

Make Her Mine -Brass Rock-
〔少人数編成〕

作曲：Eric Leese　編曲：郷間幹男

楽器編成表

Flute 1	B♭ Trumpet 1	*Timpani*
Flute 2	B♭ Trumpet 2	Drums
B♭ Clarinet 1	F Horns 1 & 2	Percussion 1
B♭ Clarinet 2	Trombone 1	...Tambourine
Bass Clarinet	Trombone 2	Percussion 2
Alto Saxophone	Euphonium	...Glockenspiel, Wind Chime, Triangle
Tenor Saxophone	Tuba	Piano
Baritone Saxophone	Electric Bass (String Bass)	Full Score

＊イタリック表記の楽譜はオプション

ご注文について

ウィンズスコアの商品は全国の楽器店、ならびに書店にてお求めになれますが、店頭でのご購入が困難な場合、当社PC&モバイルサイト・FAX・電話からのご注文で、直接ご購入が可能です。

◎ 当社PCサイトでのご注文方法

http://www.winds-score.com

上記のURLへアクセスし、WEBショップにてご注文ください。

◎ FAXでのご注文方法

FAX.03-6809-0594

24時間、ご注文を承ります。当社サイトよりFAXご注文用紙をダウンロードし、印刷、ご記入の上ご送信ください。

◎ お電話でのご注文方法

TEL.0120-713-771

営業時間内に電話いただければ、電話にてご注文を承ります。

◎ モバイルサイトでのご注文方法

右のQRコードを読み取ってアクセスいただくか、URLを直接ご入力ください。

※この出版物の全部または一部を権利者に無断で複製(コピー)することは、著作権の侵害にあたり、著作権法により罰せられます。

※造本には十分注意しておりますが、万一、落丁・乱丁などの不良品がありましたらお取り替えいたします。また、ご意見・ご感想もホームページより受け付けておりますので、お気軽にお問い合わせください。

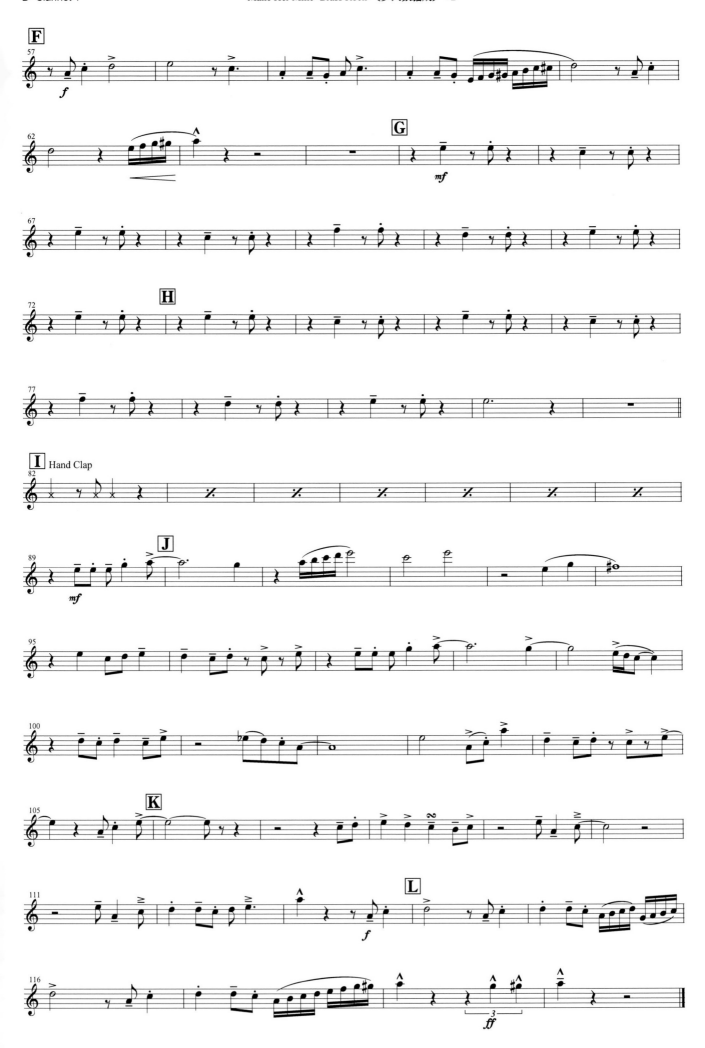

Bass Clarinet

Make Her Mine - Brass Rock -
〔少人数編成〕

comp. by Eric Leese
arr. by 郷間幹男

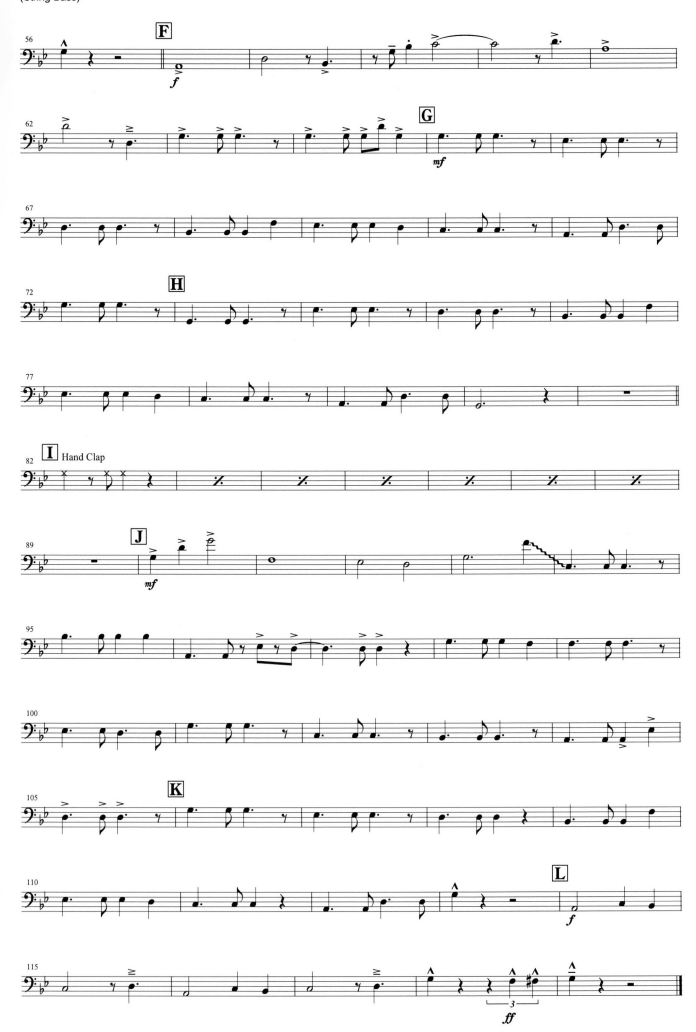

MEMO

Drums

Make Her Mine - Brass Rock -
[少人数編成]

comp. by Eric Leese
arr. by 郷間幹男

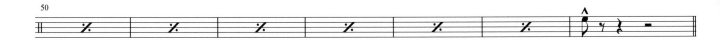

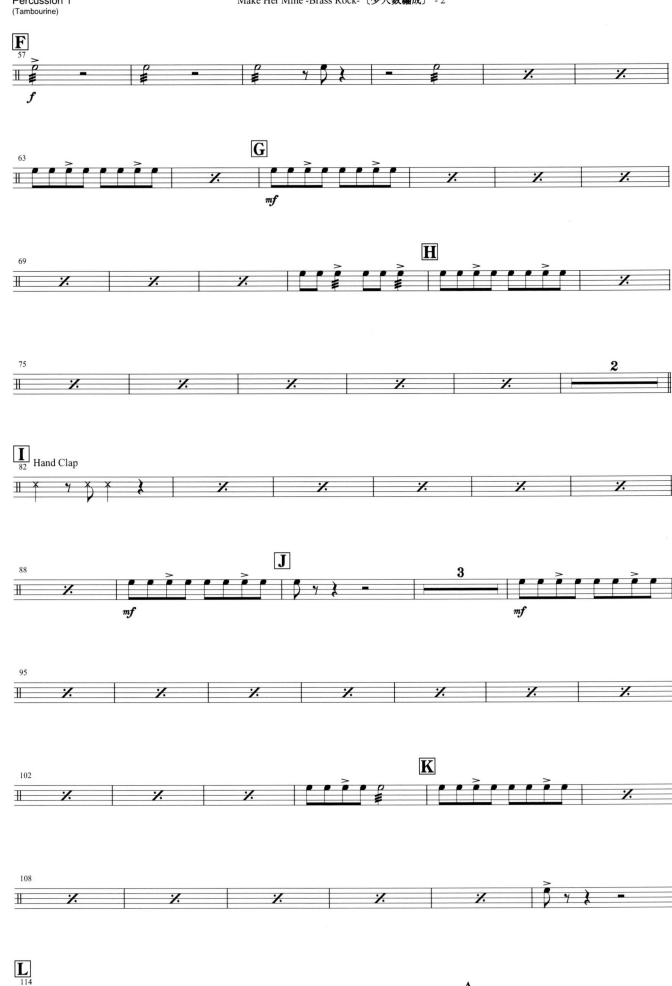